NOUVEL APERÇU

SUR LES GRÈVES

IL N'Y A PAS DE DROIT DE GRÈVE

LE LOUAGE A LONG TERME

PAR

ÉNÉE BOULOC

AVOCAT

PARIS

LIBRAIRIE GUILLAUMIN & Cie

Éditeurs de la collection des principaux économistes, du Journal des Économistes
du Dictionnaire de l'Économie politique
du Dictionnaire universel du Commerce et de la Navigation,
14, RUE RICHELIEU

1896

NÓUVEL APERÇU

SUR LES GRÈVES

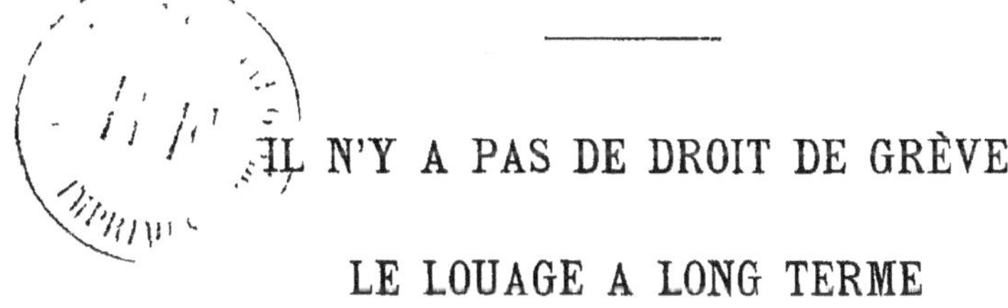

IL N'Y A PAS DE DROIT DE GRÈVE

LE LOUAGE A LONG TERME

PAR

ÉNÉE BOULOC

AVOCAT

PARIS

LIBRAIRIE GUILLAUMIN & Cie

Éditeurs de la collection des principaux économistes, du Journal des Économistes
du Dictionnaire de l'Économie politique
du Dictionnaire universel du Commerce et de la Navigation,
14, RUE RICHELIEU

1896

NOUVEL APERÇU
SUR LES GRÈVES

La douloureuse et retentissante aventure de Carmaux vient de donner un surcroît d'émotion et d'actualité à la question des grèves. Que faut-il penser de ces redoutables conflits ? Sonts-ils une conséquence fatale de notre régime économique, une sorte de *mal necessaire*, devant lequel il faille courber la tête avec résignation, comme on *laisse passer* l'orage; ou bien, est-il possible de les atteindre par la loi, et, mieux encore, de les prévenir par de sages mesures ?

En termes plus absolus et plus directs, y a-t-il un droit de grève, et s'il n'existe pas, dans quel sens faut-il diriger les réformes ? Tel est le double sujet de cette etude.

I

LE DROIT DE GRÈVE

Y a-t-il un droit de greve ?

Les grèves ne sont point un phénomène économique simple; elles se composent de deux éléments qu'il faut soigneusement distinguer : le *refus de travail* dans certaines conditions, d'une part; et, en second lieu, le concert, *la coalition* qui l'organise. Par lui-même, le refus de travail est un droit certain; le travail *est libre;* d'un autre côté, le droit pour les ouvriers de se con-

certer dans un but légitime est non moins primordial
et essentiel et résulte formellement, du reste, non de la
loi du 25 Mai 1864, qui, étant une loi pénale, supprime
certains délits de grèves, sans créer, comme on le dit
à tort, le droit de grève, mais de la loi du 21 Mars 1884,
qui reconnaît aux ouvriers le droit d'association.

Conséquemment, il est pleinement licite que des
ouvriers refusent le travail *propose*, seuls ou en réu-
nion, par un juste motif ou par caprice, même par
esprit de malveillance contre le patron. On n'y peut
trouver à redire. Mais cette faculté, que nul n'a jamais
ete assez insensé pour contester, n'a pas eu besoin
d'être définie. C'est, si l'on veut, le *droit des mains aux
poches;* ce n'est pas le droit de grève.

Le droit de grève que nous analysons est quelque
chose de plus exorbitant. Voici comment le définit
M. Gide, l'éminent professeur d'Économie politique de
la Faculté de Montpellier : « Faire grève, dit-il, c'est
s'entendre pour refuser de *continuer* le travail ». Le droit
de grève serait donc la faculté légitime de cesser, de
concert et dans une entente commune, le travail pour
lequel on *s'etait engage.* Voilà le droit de grève devant
lequel à peu près tout le monde s'incline, économistes
et jurisconsultes, que proclament les hommes politiques de tous les partis et que l'on s'etonne de ne pas
voir rappeler, en lettres fulgurantes, aux portes enfu-
mées des usines, comme la grande charte de l'Industrie de cette seconde partie du siècle : Droit de Grève !

Est-ce possible? Et sommes-nous assez inconsidérés
pour ne pas voir la brutale iniquité des grèves; ou
assez imprudents pour que, l'ayant distinguée, nous
ayons voulu la couvrir sous l'étiquette d'un principe?
Ainsi les peuples primitifs, ne pouvant conjurer les
fléaux qui les decimaient, en faisaient des divinites et
tombaient en adoration.

Voyons. Tous les actes de notre vie civile sont régis par la loi du contrat : le contrat est l'empreinte durable de la volonté passagère, le frein necessaire et la garantie à la fois de la liberté humaine, et le contrat de travail, celui que les jurisconsultes appellent le louage de *services*, d'un mot qui peint bien la raison primordiale de tous nos rapports sociaux, serait soustrait à toute coercition civile, à toute astreinte morale ! Ce n'est pas assez dire ; la violation des obligations librement consenties deviendrait, dans ce cas seulement, une sorte de faculté legitime, tolérée par la conscience universelle, un *droit*, objet du respect universel ! O vanite des vérités clichées, vertu de deux mots réunis, qu'il suffit, semble-t-il, d'analyser séparément pour faire éclater le mensonge de leur accouplement !

Mais on fait peut-être cette objection : La définition des grèves, donnee par M. Gide, est fausse et choisie à dessein pour les besoins d'une thèse. Les grèves ne sont pas et ne peuvent pas être la rupture du contrat de louage, par la raison que, dans la grande industrie où elles se produisent, les engagements réciproques des patrons et des ouvriers sont termines à la fin de la journée, ou, tout au moins, à l'expiration de la quinzaine de paie. C'est enfoncer une porte ouverte.

On pourrait répondre en demandant si les grèves, qui commencent à midi ou dès la première semaine, sont légitimes, et ce serait déjà un grand point acquis que cet hommage concéde à la force de la convention. Mais il faut aller plus loin et rejeter l'argument sans réserves. En tout état, même quand l'embauchage a eu lieu sans stipulation de durée, ce qui, d'après la jurisprudence et la loi des 27 et 28 décembre 1800, rend en principe le contrat révocable au gré de chacune des parties, les grèves deviennent un prodigieux abus et violent le contrat.

Que se passe-t-il en effet dans la pratique ? Une industrie se crée; une autre s'agrandit; une autre comble les vacances de son personnel, produites par la maladie ou l'accident. Les registres d'enrôlement sont ouverts; un à un les ouvriers se présentent; tous les postes sont pris; l'usine est au complet. Les fours s'allument, les machines entrent en mouvement, la matière en transformation ..

Un seul mot a eté prononcé : le montant du salaire. Est-ce à dire que le contrat ne devra durer que quinze jours, qu'une semaine, qu'un jour? Non, les deux parties sont bien d'accord; la sécurité de tous est complète. Le travail sera assuré tant que durera la maladie de l'ouvrier remplacé, l'entreprise commencée, la prospérité de l'usine.....

Le louage d'industrie n'est donc pas essentiellement éphémère, et sa durée se trouve déterminée, en fait et en droit, par les circonstances. C'est bien là, du reste, le correctif, apporte par la jurisprudence et la loi du 28 décembre 1890, au principe excessif de la cessation *ad nutum* du contrat. L'article 1ᵉʳ de cette loi, après l'avoir posé, ajoute en effet aussitôt : « Néanmoins la résiliation du contrat — lorsque sa durée n'a pas été fixée — par la volonté d'un seul des contractants, peut donner lieu à des dommages-intérêts. Pour la fixation de l'indemnité à allouer, le cas échéant, il est tenu compte des usages, de la nature des services engagés, du temps écoulé, des retenues opérées et des versements effectués en vue d'une pension de retraite et généralement de toutes les circonstances qui peuvent justifier l'existence et déterminer l'étendue du préjudice causé ». Qu'est-ce à dire, sinon que le contrat sans stipulation de temps ne finit pas brusquement et par le caprice des ouvriers ou du patron, et, en recourant encore à l'autorite d'un texte, qu'il les oblige

« non seulement à ce qui a été exprimé, mais encore à toutes les suites que l'équité, l'usage ou la loi donnent à l'obligation d'après sa nature ». Art. 1135 du Code civil.

Or, vienne à souffler l'esprit de grève et aussitôt les ouvriers les plus anciens, comme les derniers embauchés; ceux dont l'engagement exprès durait encore, comme ceux qui avaient formé un contrat de bonne foi « et qui devait être exécuté de même », — art. 1134, — tous s'en vont d'un même pas, non, le mot n'est pas juste, tous se retournent du même front...

Osons dire la vérité. Avec leurs tendances non déguisées de lutte ouverte contre le capital et le régime de la société moderne; conduites par les chefs socialistes avec une habileté qui fait l'admiration de ceux mêmes qui la déplorent; surgissant à l'instant le plus inopiné, au moment d'une crise, au tournant d'une difficulté, les grèves ne sont pas seulement une effrontée négation de tout droit, mais une trahison et un attentat.

Que le lecteur impartial se rassure. Si, jusqu'ici, nous avons envisagé la violation du contrat de louage par les seuls ouvriers, c'est pour la commodité de la discussion et aussi, parce que nous avons tenu à réagir contre le préjugé qui tend à absoudre leurs grèves. Mais il ne nous échappe pas qu'il n'y a pas une moindre injustice dans les grèves patronales et qu'il ne faudrait pas des couleurs moins sombres pour peindre la honte de certains licenciements. Grèves d'attaque ou grèves de représailles, il n'en est point de légitimes, parce que, de quelque côté qu'elles se produisent, il y a toujours un manquement à la foi promise et qu'il est inique que les ouvriers puissent quitter le chef d'industrie après une commande, ou celui-ci renvoyer ses ouvriers après un approvisionnement. Et que dire,

quand dans cette rupture haineuse les passions de
tous se dressent autour d'un seul, ou quand le pouvoir
d'un seul suffit à affamer le nombre? La misère d'un
côté, l'exaspération de l'autre, peuvent être parfois des
excuses; l'injustice reste au fond.

Il n'y a pas de droit de grève; le droit de grève est
un sophisme le plus grossier et le plus dangereux.

Mais. viciées dans leur source, dangereuses dans
leurs développements, les grèves ne trouvent-elles pas
une sorte de justification dans le but qu'elles visent et
qu'elles atteignent souvent? N'est-ce pas aux grèves
que les ouvriers doivent déjà le triomphe de quelques-
unes de leurs revendications légitimes, la hausse nor-
male de leurs salaires, la diminution des heures de
travail, l'adoucissement des règlements à l'interieur
de l'usine, leur indépendance au dehors, un plus
grand respect de leur personne et de leur liberté? etc.
Que seraient, que deviendraient les travailleurs sans
les grèves? Pressés par le besoin, isolés, se faisant
entre eux, par leur nombre, la plus redoutable concur-
rence auprès du chef d'industrie, riche, obsédé de
demandes et qui, en tout cas, peut attendre, ils tombe-
raient à sa merci. Entre le capital et le travail, la lutte
n'étant pas égale, les travailleurs seraient écrases. La
grève, en solidarisant les intérêts du nombre, rétablit
l'équilibre et assure un plus équitable fonctionnement
des lois économiques.....
Cet argument de sympathie « pour la classe la plus
nombreuse et la plus pauvre » est le plus fort que l'on
puisse invoquer en faveur des grèves. Il ne saurait
cependant en couvrir le vice initial pour deux motifs:
c'est que l'injustice n'est jamais légitimable et que ces
heureux résultats ne dépendent point, ou ne dépendent
que pour une très faible part, de ce vice lui-même.

Les grèves, nous l'avons vu, impliquent deux termes,
la rupture du contrat de travail et la coalition. Le
premier est l'injustice; le second est le droit. Auquel
des deux faut-il attribuer l'efficacité des grèves ? Ce
n'est pas au premier. La révolte d'un seul ouvrier, le
plus intelligent et le plus autorisé, resterait évidem-
ment sans influence sur les déterminations du patron.
C'est la puissance du nombre, le faisceau des forces
individuelles, la coalition, en un mot, qui est l'élément
prepondérant et déterminant des grèves. Tout ce que
l'on pourrait dire, c'est que la coalition est d'autant
plus dangereuse que l'arme dont elle se sert est empoi-
sonnée. Je le veux bien, quoique l'exemple récent
de Carmaux nous montre que les grèves ne sont si
puissantes que quand elles ont réussi à mettre le bon
droit de leur côte. Et, d'ailleurs, nous recherchons les
conditions d'une lutte loyale dans un siècle civilisé.

Distinction capitale à faire dans l'appréciation des
effets des grèves; car elle montre dejà que toute atteinte
portée au droit d'association entraînerait une dispro-
portion fâcheuse entre le capital et le travail au préjudice de celui-ci. Distinction consolante, en ce qu'elle
fait, encore ici, justice de cette théorie du *mal necessaire*,
toujours fausse et dangereuse quand il s'agit d'inter-
préter les actes volontaires; car, en niant le pouvoir
des hommes de s'amender, elle les endort dans l'inertie
et paralyse tout progrès. Distinction consolante enfin,
en ce qu'elle laisse entrevoir que, pour sauvegarder
leurs droits, les ouvriers n'ont pas besoin de partir de
l'injustice.

La conclusion s'impose : Les grèves sont injustes.
Elles sont injustes seulement en tant qu'elles violent le
contrat de louage. Le droit de coalition est hors de
cause.

Il faut prévenir les grèves en raffermissant le contrat.

II

LE LOUAGE A LONG TERME.

Oui, raffermir le contrat de louage; etendre, au besoin, comme complément et moyen de sanction, les pouvoirs des associations ouvrières; donner en puissance bienfaisante aux syndicats ce qu'ils perdront en moyens d'injustice, telle nous paraît être la solution.

L'idée a été déjà émise, et, sous l'autorité d'un homme éminent, a fait du chemin. Mais nous voudrions quelque chose de plus que M. Goblet. Ce ne serait pas seulement le *Louage a long terme* des ouvriers des champs qu'il faudrait organiser dans l'industrie. Pour satisfaire pleinement aux exigences de la situation, aux détestables habitudes, à l'arbitraire du patron, au penchant des ouvriers, nous voudrions encore que le contrat fut consacré dans sa forme matérielle et soumis à la nécessité de l'écrit. Le signe, en pareil cas, alors qu'il faut surtout réagir contre l'usage, serait d'une importance extrême. Les clauses du contrat devraient encore être détaillées.

Supposons donc ouvriers et patrons réciproquement liés pour un an, pour six mois, pour une période moindre même, selon les nécessites immédiates; liés par une convention écrite, qui préciserait toutes les conditions de leur double engagement: le salaire, la nature et les heures du travail, les motifs d'absence les délais du congé, etc.

Quelles garanties réciproques de stabilité résulteraient immédiatement de cette pratique!

Plus d'équivoque possible sur la durée de l'obligation; plus d'atténuation ni d'excuse en cas de rupture.

De quelque part qu'elle vint, la violation anticipée du contrat apparaîtrait brutale, odieuse, concrète. L'acte écrit se dresserait là, aussi efficace que pour un prêt, un dépôt ou une vente. Quel ouvrier, assez révolté contre toute obligation sociale, a jamais méconnu la force d'un engagement littéral? On pourrait soutenir que la vertu de l'écrit s'accroît presque en raison inverse de l'ignorance et de la mauvaise foi de l'obligé. Et, comme nous transportons au louage d'ouvrage les règles générales du congé et de la tacite reconduction, le contrat se continuerait de trimestre, de semestre en semestre, d'année en année pour les uns, se dénouerait sans secousse pour les autres, sans haine en tout cas et sans reproche d'injustice.

Et quels avantages des deux côtés!

Chez les ouvriers : le contentement présent, fait surtout de la sécurité du lendemain; la joie ineffable, pour un grand nombre de ces parias vagabonds, de fixer enfin leur tente, de s'attacher à un coin de ciel, à des amis de plus d'un jour, à une famille; la régularisation de l'industrie sans les à-coups de l'excès de production et des chômages qui en résultent; comme suites encore de cette possibilité constante de travail fixé, le développement de l'esprit d'économie, l'amour de l'ordre, l'apaisement des esprits par l'apaisement des cœurs.

Chez le patron : avec une notion plus précise du respect des petits et de l'égalité des droits, à lui aussi rappelée par l'apposition des deux signatures en regard, la fin de cette apprehension perpétuelle de la révolte qui va éclater, insidieuse et lâche, et, tout à coup, des figures souriantes faire des figures de conjurés; la sécurité encore nécessaire aux longues entreprises; la réussite plus certaine et la gratitude envers les ouvriers qui y contribuent, se traduisant en créa-

tions nouvelles d'œuvres de bienfaisance : hospices,
crèches, caisses de retraite, subventions de toute sorte,
dégagées désormais de toute arrière-pensée de frein
ou de surveillance qui empoisonne les meilleures...

La coopération amicale enfin du capital et du
travail.

Mais on dit : Où sera la sanction d'un pareil contrat ?
Quelque précis et formel qu'il soit, ne dependra-t-il pas,
alors comme aujourd'hui, du caprice et de la passion,
puisqu'il ne sera soumis, du côté des ouvriers, à aucune
contrainte juridique ? Comment le faire respecter par
des ouvriers qui n'ont rien ?

L'objection est redoutable; mais ainsi présentee,
comme on l'a fait, elle est excessive. Il n'est pas vrai de
dire, de tous les ouvriers, qu'ils sont dénués de ressources. Rares sont ceux, au contraire, qui ne possèdent pas
au moins un petit mobilier, qui constituerait un com-
mencement de gage. Et, comme il est reconnu que les
plus aisés sont justement les plus portés à la révolte,
ce serait une grande force enlevée aux grèves que de
les tenir par là dans le respect de leur engagement.
Mais nous voulons examiner l'argument avec toute
la force qu'on lui donne et supposer que l'universalité
des ouvriers n'a, ni maisonnette au soleil, ni meubles
pour en garnir une, ni un livret à la Caisse d'epargne,
rien.

Qu'importe, dirons-nous, cette indigence indivi-
duelle ? L'ouvrier seul ne fait point la grève ; sa rebel-
lion privee est impuissante; il n'y a pas à en tenir
compte. Il suffit de pouvoir frapper la révolte collec-
tive, qui seule fait le mal. Or, les syndicats ouvriers,
à l'heure actuelle, sont le levier et le principal appui
des grèves, et les syndicats possèdent. Au lieu de la
restreindre, augmentez leur capacité civile; donnez
aux syndicats un libre essor, comme il convient sous

une démocratie. Qu'ils puissent acquérir et recevoir, sans aucune réglementation ni entrave, acquérir et recevoir des immeubles, ce qui rend plus difficile le moyen de les faire disparaître; qu'ils soient le plus riches possible ! Et leur avoir accru deviendra ainsi le gage certain de leurs excès et la meilleure garantie contre les grèves.

Et non seulement l'avoir régulier et normal des syndicats provenant de leurs économies, des cotisations de leurs membres, des dons anciens, mais encore leurs ressources extraordinaires, tous les fonds des grèves, tous les produits des souscriptions destinées à les alimenter, pourraient être saisis.

Quelles bonnes raisons pourrait-on donner du contraire ?

Si ces fonds appartiennent aux grévistes, aux seuls grévistes, on ne voit pas quels principes particuliers infléchiraient ici la règle generale d'après laquelle tous les biens du debiteur sont le gage du créancier.

Et d'ailleurs, à un autre point de vue, si l'on est bien penetre de cette idée essentielle, incontestable pour nous, que toute grève, survenue en violation du contrat, est inique en soi et dangereuse au point de vue social, on ne voit pas non plus les motifs qui pourraient empêcher les pouvoirs publics de proscrire l'ouverture de telles souscriptions.

Ce serait encore ici de la justice, au même titre que la disposition de l'art. 40 de la loi du 20 Juillet 1881 sur la Presse, qui defend « d'annoncer et d'ouvrir des souscriptions ayant pour objet d'indemniser des frais, dommages interêts et condamnations judiciaires » etc.

Ni les souscripteurs, ni les grévistes ne sauraient s'en plaindre. Mais ce ne sont là, hâtons-nous de le dire, que des considérations un peu etrangères à notre thèse où nous tenons surtout à montrer qu'avec le louage à long terme, les patrons ne courront aucun risque et ne seront pas moins garantis contre la rupture du contrat que les ouvriers eux-mêmes.

Telle est la solution logique et morale. Ajoutons qu'elle est la seule sans dangers. Le contrat de travail, étant en effet un contrat civil, ne comporte que des sanctions civiles. C'est un anachronisme que de vouloir le sauvegarder par des mesures pénales. On n'incarcère plus les gens qui ne paient point leurs dettes; et, d'ailleurs, comme le faisait naguère remarquer M. Ranc avec son habituel bon sens : « Ce n'est pas une loi pénale qui empêchera les intéressés de se mettre en grève et on se trompe fort en comptant sur la sévérité des lois. On n'emprisonne pas des bataillons, on n'envoie pas en police correctionnelle des milliers d'hommes. » Le projet Tranieux et la proposition Merlin, édictant amende et prison pour certaines catégories de grèves, sont des moyens impuissants. Ils sont surtout injustes; car, s'il est un principe devant lequel toute discussion cesse, c'est celui de l'egalité de régime pour tous. Or, de quel droit défendre à certains ouvriers ce qui resterait le *droit* des autres ?

Illusion encore, dans le sens opposé, la récente proposition de M. Jaurès, espérant empêcher par l'amende « un employeur de renvoyer un salarié syndiqué à raison de sa participation à un syndicat ». L'employeur le renverra tout de même, s'il lui plait; seulement il n'en dira pas le motif.

Presque inutile aussi, on l'a bien vu, la loi sur l'arbitrage. On ne compromet pas, en effet, sur les droits certains et, là où il y a violation du contrat, la condamnation s'impose, sans ambages et sans réplique.

Quant à l'intervention des pouvoirs publics, les ouvriers et les patrons en ont, si souvent et à tour de rôle, éprouvé l'impuissance ou l'arbitraire, qu'ils doivent également songer à s'en passer et à régler leurs différends entre eux, comme tous les citoyens.

Que les uns et les autres se rattachent donc au contrat de louage précis et sans équivoque ! Que les chefs d'industrie l'exigent de leurs ouvriers, en prenant toutes les garanties d'une fidèle observation ! Ils ont un double gage. Qu'à l'égard de quelques meneurs ils en ajoutent d'autres, s'il le faut, la prestation d'une caution. par exemple ! — Et pourquoi pas ? — Qu'à leur tour, les ouvriers l'imposent aux chefs d'industrie, en se servant de tous les moyens légitimes de la coalition ! Que pour cela, ils se mettent *en grève,* oui en grève, quelque fâcheuse que soit l'impression de ce mot et puisqu'il n'en est point d'autre, mais *en grève avant le contrat !* Ce sera alors une grève juste, se mouvant dans le respect des droits individuels, une sorte de grève idéale, sans colère et sans animosité. Qui a jamais vu deux parties s'irriter l'une contre l'autre pour fixer leurs conventions? C'est de persuasion, non de menaces qu'il faut user pour s'entendre ; et d'ailleurs, si la passion et l'entraînement des foules faisait craindre encore quelques excès, le conflit ne serait plus irréductible et permettrait l'utile intervention des arbitrages, des conseils permanents de conciliation, de toutes les tentatives spontanées d'apaisement.

Et l'on peut donc conclure encore que si le louage à long terme n'empêche pas le retour de toutes les grèves, il en diminuera certainement la fréquence et l'acuité.

La libre initiative des patrons et des ouvriers devrait suffire à amener cette réforme. Mais tant de passions, tant d'équivoques, de si déplorables égarements ont à ce point obscurci la notion des intérêts respectifs et le sentiment de la justice. qu'il ne sera point trop de l'exemple et de la force de la loi pour les relever et les assurer.

Du reste, la législation ici est grandement en faute :

Nous ne critiquons pas la loi du 25 Mai 1864, qui, étant une loi pénale, n'avait pas à reproduire le principe du respect des contrats proclamé par le Code civil. Mais il est certain qu'elle a été rendue sous la pression de l'opinion publique, qui ne le voyait guère et que, telles paroles prononcées lors de sa discussion, ont paru plutôt une excitation à les violer. « Liberté absolue de la coalition à tous les degrés, s'écriait pompeusement son rapporteur M. Emile Olivier, répression rigoureuse de la violence et de la fraude ! ».

N'est-ce pas un peu comme si le rapporteur de la loi de 1867 sur la contrainte par corps eut dit : Liberté sans limites de ne pas payer ses dettes ; gare seulement aux voleurs ! On a, Dieu merci ! largement profité de l'encouragement.

Mais il y a un tort plus grave dans la législation civile : C'est une lacune du Code, vraiment inexplicable de n'avoir sur le louage de services, bien plus important que le louage de choses, que ce simple art. 1780 : « On ne peut louer ses services qu'à temps ou pour une entreprise déterminée ». D'où, ainsi qu'on l'a vu plus haut, la jurisprudence est arrivée à conclure, pour empêcher le contrat de durer à vie, qu'il pourrait cesser à la volonté de l'une des parties. Mais cette interprétation avait pour effet de violer un autre texte, l'art. 1134, qui porte que les conventions bilatérales ne peuvent cesser que du consentement mutuel des contractants. Entre les deux, la jurisprudence, suivie en cela d'ailleurs par le législateur de 1890, s'est dirigée sur le moins sûr. La prohibition du contrat à vie sans réserves est elle en effet un droit bien fondamental et prohibe-t-on le contrat de mariage ?

Quoi qu'il en soit, il fallait tout au moins concilier les deux principes sans dénaturer le dernier, comme on l'a fait, et décider, au moyen d'un texte formel et direct que, lorsque la durée du louage de services, n'a pas été fixée, elle est déterminée d'après les circonstances. Cette loi de 1890, incomplète du reste, est une loi particulière aux ouvriers des chemins de fer.

Il faut la reprendre en la généralisant, édicter le véritable Code du travail dans l'industrie, formuler les règles du louage à long terme et le rendre obligatoire.

Cette obligation ici n'a rien d'excessif et se justifie par la même raison supérieure d'ordre public qui a fait voter la réduction des heures de travail des femmes, l'organisation des caisses de retraite, etc. D'ailleurs, et sans aller aussi loin, il suffirait de l'imposer aux grandes industries; et, comme presque toutes sont des industries de concession ou de monopole, mines, chemins de fer, manufactures de l'Etat, etc., celles précisément où les grèves sont le plus fréquentes et paraissent le plus dangereuses, aucune difficulté ne saurait exister. Ces dernières serviraient d'exemple aux autres et, à raison de leur tranquillité, ne tarderaient pas à devenir, comme on les appelait jadis, des industries *modèles*...

Nous arrêtons là cette analyse, ne voulant pas affaiblir par l'examen de toutes les objections et les longueurs de la réfutation la signification de ce travail.

Une opinion toute nouvelle s'en dégage sur les grèves, leur caractère, leurs effets, leur fondement juridique, leur solution.

On confond la coalition avec la grève. Nous les distinguons.

M. Yves Guyot dans sa *Science economique* a écrit les mots de *Prejuges contre les grèves*. Elles sont pour nous une calamité de plus en plus dangereuse.

On dit communément droit de grève. Nous répondons sophisme.

Pour quelques autres, l'appréciation des grèves dépend d'une question de mesure et de réussite, et il est curieux, à ce point de vue, d'entendre les conseils que donne aux ouvriers. dans son discours de rentrée, M. le premier président Fabreguettes : « Mais il faut bien insister sur ce point, lit-on dans le numéro du *Telegramme,* qui le reproduit; on ne doit pas se lancer dans la grève, comme dans une aventure. C'est exactement comme si un pays déclarait la guerre à un autre pays sans avoir mûrement pesé cette grave détermination. Les hostilités ne s'expliquent et s'excusent que si le motif est impérieux, si l'on a le bon droit pour soi et si l'on a l'espoir d'une juste victoire, au bout de l'épreuve courageusement affrontée ». Le succès ne justifie pas les moyens et cet état de guerre brutale nous semble un mauvais concept d'amélioration sociale qu'il faut laisser aux propagateurs de la lutte des classes. Pour nous encore, la solution de toutes les questions politiques ou sociales tient exclusivement à une question de justice et se résout par la justice. Injustice à la source du mal, justice impartiale et uniforme pour la réparation !

La justice ! la justice ! Ce ne sera pas l'un des moindres mérites du socialisme d'en avoir réveillé la notion affaiblie contre les autres et contre lui.

Rodez, Imprimerie à vapeur L. LOUP, 45, rue de la Barrière.